MOTIFS

QU'ONT

TOUS LES CITOYENS

DE S'INTÉRESSER

DANS LA CAUSE

DE MONSIEUR

LE COMTE DE LALLY.

A LA HAYE,

1786.

AVIS
DE L'ÉDITEUR.

Cet Ecrit, qui, dans un petit volume, renferme infiniment de choses, parut en 1783, lorsque le procès de M. le Comte de Lally allait être jugé au Parlement de Dijon. L'édition entière fut bientôt épuisée : ceux qui soutenaient l'Arrêt du Général Lally, étaient en procès avec tout le genre humain; chaque homme était bien aise d'avoir un apperçu de sa cause, & de connaître ses moyens de défense. L'honnête Neustrien, Auteur de ce *Factum* pour toute l'humanité, n'a pas survécu long-tems à sa publication : il n'a pas eu la douleur de voir l'Arrêt de Dijon renouveler celui de Paris, & faire brûler par le boureau les Ecrits du fils, afin qu'il y eût un pendant au baillon du père, & afin que les Juges Bourguignons pussent dire aux Juges Parisiens *Anco io sono Pittore.* Aujourd'hui que le procès renaît par la piété courageuse & par la constance infatigable de M. le Comte de Lally, la cause du genre humain renaît avec la sienne, & nous avons cru les servir toutes deux, en réimprimant l'Ouvrage du vertueux Neustrien.

AVERTISSEMENT.

JE ne connaiſſais l'affaire de M. le Comte de Lally que par le bruit public, lorſque je fis un voyage à Rouen, en 1779, pour y ſuivre un Procès. A peine eus-je entendu les plaidoyers de ce reſpectable jeune homme, & ſur-tout ceux de ſon Adverſaire, que je vis à l'inſtant que cette cauſe était la mienne, celle de tous les Français. Je me rappelai ce vers d'un Poëte Latin :

Nam tua res agitur, paries cum proximus ardet.
Car il s'agit de vous, quand le mur voiſin brûle.

Si la manière dont le feu Comte de Lally a été jugé en 1766, devenait par malheur un point de la Juriſprudence des arrêts, il n'y a point d'honnéte Gentilhomme qui puiſſe ſe répondre de ne pas porter dans ſix mois ſa tête ſur un échafaud. C'eſt ce que, depuis ce tems, je ne ceſſe de répéter à mes voiſins ; &, comme cette vérité m'a paru importante & utile, j'ai voulu la dire au Public : telle eſt l'origine du petit Ouvrage qu'on va lire.

A ij

Je demande grace pour les Norma-nifmes qu'on y trouvera. Meffieurs, il s'agit de vos droits, de votre vie, & vous iriez me chicaner fur la Grammaire! Je ne vous dirai pas comme Georges Scuderi, mon grand oncle, dans une de fes Préfaces: J'ai plus manié la lance que la plume, & je fais mieux quarrer des bataillons que des périodes. *Mais je vous avouerai avec fimplicité que je n'ai manié jufqu'ici la plume, que pour écrire à mon procureur, ou donner des inftructions à mes Laboureurs. J'ai changé en foc de charue la lance de mon grand oncle:*

.Dans d'utiles travaux coulant ma vie obfcure,

Je n'ai point, par le meurtre, offenfé la nature.

J'ai cru que fi Dieu, qui eft bon, puifqu'il eft tout puiffant, a répandu le fer avec profufion fur la furface du globe, c'eft pour qu'on en forge des focs, & non pour qu'on l'affile en coutelas, ou qu'on l'aiguife en poignards.

Tous les foirs je fais la prière commune à ma famille, & je la termine par cette oraifon:

Exterminez, grand Dieu, de la terre où nous fommes,

Quiconque avec plaifir répand le fang des hommes.

(5)

Nous prions enfuite le Souverain Etre pour la confervation des Princes qui ont donné la paix à leur Peuple, qui ont aboli ou reftreint la peine de mort.

J'ai un excellent Curé, dont les inftructions me font fort utiles. Il me répète fouvent : « *Cherchons d'abord à*
» *rendre les hommes compatiffans,*
» *humains, indulgens : fans cela, nous*
» *tenterions envain de les rendre juftes.*
» *La juftice n'eft que l'intérêt perfon-*
» *nel & la pitié éclairés par la raifon* ».

Lorfque fes travaux facrés & mes occupations ruftiques nous laiffent à l'un & à l'autre quelques momens de loifir, nous les employons à lire & à relire enfemble le petit nombre d'auteurs qui ont écrit pour le bonheur de l'humanité, pour le foulagement de fes maux, pour la défenfe de fes droits. Nous favons prefque par cœur le Traité des Délits & des peines, *& les Ouvrages dans lefquels* Voltaire *a plaidé la caufe de* Montbailly, *de* Sirven, *de* Calas. *Mon Curé croit, comme l'Evêque de Soiffons* Fitz-James, *que tous les hommes font frères ; & il ne croit* pas, comme le Capitoul de Toulouse David, que nos frères protestans, pour attacher les cœurs à leur Communion, ordonnent aux pères de pendre leurs enfans, dès qu'ils les soupçonnent de vouloir la quitter.

On trouvera peut-être que je parle beaucoup de moi. J'ai cru ces détails nécessaires pour obtenir l'indulgence de mes Lecteurs, qui jugeront mon Ouvrage comme celui d'un bon homme occupé de travaux champêtres, & non comme la production d'un Jurisconsulte ou d'un Philosophe, & qui verront bien que je ne serai jamais d'aucune autre Académie que de la Société d'Agriculture. Mais je ne veux pas qu'on m'enlève à mon Champ, & je ne conduis pas tranquillement ma charrue, toutes les fois que le Procès Lally me revient à l'esprit.

'A.... Dans le païs de Caux, 31 Janvier 1783.

MOTIFS

QU'ONT

Tous les Citoyens de s'intéresser dans la Cause de M. le Comte DE LALLY.

LE bien général de l'humanité & la conservation de ses droits ne sont, pour la plupart des individus, qu'un intérêt éloigné, presque toujours négligé, & souvent sacrifié aux intérêts personnels les moins importans. Aussi toute association particulière, qui a des motifs prochains d'agir contre l'utilité commune, trouve-t-elle peu d'obstacles. Les victimes, en qui elle attaque les droits de la sureté générale, excitent à peine de faibles mouvemens de compassion & de curiosité. Si quelqu'un de ces hommes, qui veillent en secret sur l'intérêt de tous, ose élever la voix en faveur de l'innocence opprimée ;

Qu'est-ce que cela lui fait? s'écrie la foule. Etonnés qu'on puisse avoir d'autres intérêts que ceux de la vanité ou de la fortune, ils s'irritent contre celui qui, pour les avertir de leur danger, ose troubler un moment leur repos.

Cependant la mort d'un innocent, injustement ou illégalement condamné, devrait être regardée comme une calamité générale, comme un danger public. Chaque Citoyen se voit menacé de perdre la vie & l'honneur, en répandant sur tout ce qui lui est chèr la désolation & l'opprobre, en livrant ses amis à des regrets éternels dont on ne peut adoucir l'amertume.

Nous avouerons que toutes les erreurs, tous les crimes de la Justice ne doivent exciter ni une égale terreur, ni une égale indignation.

Supposons, par exemple que, dans le Royaume de Siam, un jugement absurde condamne à un supplice cruel un homme qui aura jetté dans la mer une statue de *Samnocodon*, ou chanté sur ses aventures quelques couplets un peu gaillards ; tous ceux qui ont un cœur & quelques étincelles de raifon , feront révoltés ; mais les hommes dont l'ame étroite n'eft touchée que d'intérêts perfonels , pourront fe dire : " Il n'eft pas bien difficile „ de fe foumettre à faire la révéren- „ ce à tous les petits *Samnocodon* „ qu'on rencontre. Noùs ne chante- „ rons de chanfons gaillardes que lorf- „ que nous Souperons avec les grands „ Juges chez des Baïadères , & nous „ nous garderons bien de nous brouil- „ ler avec eux pour les intérêts de „ quelques étourdis. Après tout , mes „ enfans peuvent devenir grands prê- „ tres de *Sammocodon* , ce qui vaut „ dix mille roupies de rentes , & il „ n'y aurait pas une roupie à gagner „ pour moi , ni pour ma famille , à „ prendre le parti de la raifon ".

Si par hazard celui qui a manqué de refpect à *Samnocodon* n'eft pas un étourdi , mais un homme grave , animé d'un véritable zèle pour les intérêts de la vérité , l'indignation qu'exciterait fon fupplice diminuerait le fentiment de la pitié , & étoufferait celui de la crainte. On haïrait les oppreffeurs plus qu'on ne plaindrait les victimes La gloire placée à côté du supplice en ferait disparaître l'horreur. Il y a , même à Siam , des hommes aux yeux de qui une mort comme celle de Socrate ne paraîtrait point un malheur.

Il n'en est pas de même , quand ce n'est point fur la nature de l'action que tombe l'erreur de la Justice , quand l'innocence a été facrifiée à la partialité , à la prévention des Juges , à leur mépris pour la vie des hommes , pour les loix qui veillent à la fureté publique , pour ces principes du droit naturel antérieurs à toutes les Loix. Une Loi qui condamne à la mort pour des crimes imaginaires , n'est qu'une tyrannie à laquelle je fuis presque toujours libre de me fouftraire , en m'interdifant ces actions. Plus humiliante que terrible , elle attaque mes droits plutôt que ma fureté. Mais un abus d'autorité , une violation des formes , qui place l'innocence fous le fer des Loix , fans qu'elle puiffe faire entendre fa défenfe , devient une tyrannie à laquelle nulle prudence ne peut fe fouftraire & qui menace à la fois toutes les têtes.

Il ne faut donc pas être surpris de l'intérêt qu'excite la cause de M. le Comte de Lally : on devrait s'étonner plutôt de ce que cet intérêt n'est encore ni assez général, ni assez vif, ni assez soutenu ; de ce que tous les Citoyens éclairés ne voient pas l'arrêt de 1766, (s'il eut subsisté, ou s'il était renouvellé *) comme un glaive levé sur la tête de quiconque a des Ennemis puissans ; de ce qu'ils ne regardent pas la cause du fils de l'infortuné Lally comme celle de tous les hommes, comme leur propre cause.

* Il l'est aujourd'hui par le Parlement de Dijon.

I. L'opinion publique est le seul frein qui puisse arrêter les Juges ; elle est la seule défense d'un Citoyen accusé. Il se dit : *des Juges séduits, prévenus par mes Ennemis, trembleront avant de prononcer un Jugement injuste : ils auroient eu peut - être la faiblesse de sacrifier leur conscience, d'étouffer le cri de la vérité ; mais ils craindront de se déshonorer, de se condamner eux - mêmes à un supplice plus cruel & plus long que celui qu'ils m'auraient préparé.*

Si le Tribunal qui juge est perpétuel ; s'il peut avoir parconféquent des intérêts , des préjugés , une po- litique de corps , des partifans qui le défendent contre l'opinion ; fi chaque Juge n'a pas à craindre un deshon- neur perfonel , & fi le corps entier eft prefque fûr d'y échapper ; fi enfin la procédure eft fecrète , & les dé- tails de la conduite des Juges dérobés aux yeux des Citoyens , alors tout ce qui tend à fouftraire de plus en plus les Juges au pouvoir de l'opinion , dont ils ne font déja que trop indé- pendans , devient un véritable atten- tat contre la fureté publique. Les Citoyens effrayés doivent fentir que les Miniftres des Loix , laffés d'être leurs Juges , vont afpirer à devenir leurs Maîtres.

Un accufé eft - il déclaré coupable ? la force publique eft employée pour lui faire fubir la peine qui eft infligée par la Loi , & tout Citoyen doit refpecter en filence cet emploi de la force publique : mais c'eft là que fe borne fon devoir. L'accufé conferve le droit de fe plaindre : la force qu'on exerce légitimement fur fa perfonne , ne s'étend point fur fes penfées &

fur fes difcours ; & s'il a le droit de parler , fes Concitoyens ont celui de l'entendre , & de prononcer entre fes Juges & lui.

II. La Loi règle la peine qui doit être infligée pour chaque crime. Si le Juge y ajoute ou un fupplice ou un opprobre , non feulement il eft un tyran , mais il doit , dans tout pays où il y a des Loix , être condamné à la même peine que s'il avait fait fubir ce fupplice , cet opprobre , à un Citoyen innocent , par une violence privée. C'eft même le traiter avec trop de faveur ; car la violence commife en abufant de l'autorité , eft un plus grand crime que celle dont un particulier fe rend coupable.

III. C'eft un axiome reconnu dans la Jurifprudence de tous les peuples , qu'avant de punir , le délit doit être conftaté & l'accufé convaincu. Or pour conftater un délit , pour convaincre un Accufé , il faut que le Juge ait les lumières néceffaires pour favoir fi les faits allégués forment ou non le délit qu'on impute à l'accufé , & fi les preuves apportées contre lui établiſſent avec une certitude ſuffiſante qu'il eſt coupable de ce délit. Il n'eſt perſonne qui ne fût effrayé de voir qu'on donnât à un homme accuſé de crime de faux, des Juges qui ne ſauraient pas lire, ou qu'on fît juger par des Capitaines de Grenadiers un Juge accuſé d'avoir prévariqué. La ſureté commune exige que le Tribunal qui prononce ſur la vie d'un Citoyen, ſoit compoſé de manière que la Juſtice d'un Jugement rendu par lui ſoit très probable, même pour tout homme qui ne connait rien de ce Jugement, ſinon qu'il a été rendu. Cette probabilité peut-elle exiſter, ſi l'on ſait que ce Tribunal a prononcé ſur des objets qu'il ne peut connaître?

IV. En Angleterre, où il ſemble que l'on ait pris, pour préſerver les citoyens d'un jugement inique, tout ce que le génie de l'humanité & de la pitié pouvait inſpirer de précautions favorables aux accuſés, on a craint de n'avoir point aſſez fait encore. Si la clameur publique a entraîné les Juges, ſi la prévention les a aveuglés, il reſte encore une reſſource à l'opprimé : le jugement a befoin de la fanction royale pour être exécuté : l'intervale qui s'écoule entre le jugement & l'exécution, laiffe à la voix publique, aux réclamations des citoyens éclairés, le tems de fe faire entendre. Les accufés, en France, font privés de cette reffource qui eut fauvé la vie à tant de victimes innocentes, & qu'a réclamée envain tant de fois ce Voltaire, dont, pour le malheur de l'humanité, la voix n'a pas toujours été écoutée. Mais du moins, s'ils font privés de cette dernière efpérance, leurs Juges ont un frein de plus. Par un ufage dont l'origine fe perd dans les ténébres de notre hiftoire, fi les Jugemens des Cours fouveraines font exécutés fans la fanction royale, ces Jugemens peuvent être foumis au Confeil du Roi, qui a le droit de les caffer lorfqu'ils font contraires à la loi, ou que la procédure n'a pas été conforme aux règles prefcrites par l'ordonnance. Un nouveau Tribunal nommé par le Roi revoit alors le Procès. Cet ufage eft la feule défenfe que puiffent avoir les citoyens contre des Tribunaux de judicature. Ces Tribunaux font perpétuels, ils prétendent former dans l'Etat un corps politique qui a des prérogatives & des droits conteftés par les autres ordres de ci-toyens. Ils ont donc des intérêts dif-tinéts de ceux du corps de la nation ; & prétendre que leurs arrêts ne peuvent être réformés, c'eft forcer chaque ci-toyen, fous peine de l'honneur & de la vie, à reconnaître leurs préten-tions ; c'eft vouloir en faire les véri-tables, les uniques fouverains de la nation.

Nous allons appliquer à l'affaire du Comte de Lally ces principes, dont nous ne craignons point qu'aucun homme éclairé, aucun citoyen puiffe conteſter la vérité, & qui ne peuvent être attaqués fans entraîner des abus effrayans pour la fûreté publique. Ce n'eft point de l'innocence du Comte de Lally qu'il s'agit ici, mais de la manière dont il a été jugé. Son fils doit défendre l'innocence de fon père, il a facrifié à cet objet feul les *fept* * plus belles années de fa vie ; il nous donne un exemple de l'amour filial, qu'on admirerait, s'il nous était ra-conté des tems antiques ; mais nos interêts

* Il faut dire au-jourd'hui les *dix*.

intérêts ne font pas ici les fiens ; que le Comte de Lally ait été innocent ou coupable, les droits de la fûreté des citoyens ont-ils été violés dans fon jugement ? les loix, l'humanité ont-elles été attaquées ? la fureur avec laquelle on pourfuit fa mémoire, en s'oppofant à un nouveau jugement, ne ferait-elle pas, fi elle pouvait être fuivie du fuccès, un exemple dangereux pour la fûreté des citoyens ? L'acharnement avec lequel on attaque, on infulte à quiconque a pris le parti d'un infortuné, n'eft-il pas un fcandale qu'il eft de l'intérêt public de voir réprimé, ou du moins rendu inutile & puni par l'opinion ? Voilà ce que nous devons examiner. Encore une fois, ce n'eft point la caufe du feu Comte de Lally que nous défendons ici, c'eft celle de tous les citoyens ; & nous parlons à nos lecteurs, non des intérêts du fils, mais de leurs propres intérêts.

I. L'Arrêt qui condamne le feu Comte de Lally, le déclare coupable d'*avoir trahi les intérêts du Roi, de l'Etat & de la Compagnie des Indes, de vexations & de prévarications envers les Sujets du Roi.*

B

Mais, quand, où, comment a-t-il *trahi les intérêts de l'Etat?*

Qu'entend-t'on par *trahir les intérêts de l'Etat?*

Toute action à laquelle cette qualification peut s'appliquer, est-elle un crime capital?

Qui croira que, si le Comte de Lally avoit eu des intelligences avec l'Angleterre, si ces intelligences avaient été prouvées, le Rédacteur de l'Arrêt aurait oublié d'en parler? Est-ce la conduite militaire du Comte de Lally qui a montré qu'il était un traître? Mais comment le Parlement de Paris aurait-il pu se croire en Etat de juger si le peu de succès d'opérations militaires dans l'Inde, avaient eu pour cause ou les fausses combinaisons du Général, ou sa trahison, ou le défaut d'obéissance des subalternes, ou le manque de secours qu'on devait recevoir de l'Europe, ou la mauvaise volonté des Employés de la Compagnie?

On peut avoir servi l'Etat en agissant contre les Commis de la Compagnie des Indes ; ne ferait-ce point là ce que ces Commis ont appellé, dans le Comte de Lally, avoir *trahi les intérêts de l'Etat & de la Compagnie ?*

Si le Comte de Lally a *véxé* les hommes foumis à fon commandement, il eft coupable. Mais toute véxation mérite-t-elle la mort ? toute véxation peut-elle même devenir l'objet d'une inftruction criminelle ? n'y a-t-il pas des actes de violence qui, faits par un Général en tems de guerre ne peuvent être jugés *véxations* que par un Confeil de Militaires ? N'eft-ce pas fur de telles véxations que le Comte de Lally a été condamné ?

Toute *prévarication* d'un homme en place eft-elle un crime capital ? Pour qu'elle puiffe être punie légitimement, même de la plus petite peine, il faut qu'une Loi expreffe la prononce pour cette efpèce de prévarication. Les prévarications du Comte de Lally étaient-elles du nombre de celles contre lefquelles nos Loix ont ftatué la peine de mort ?

Ainfi, 1°. nous ignorons quelles

ont été les véxations, les prévarications individuelles du malheureux Général de Lally. Cependant il eût été
poffible que tel homme, qu'on l'ac-
cufait fauffement d'avoir véxé, inftruit
par l'Arrêt, de cette fauffe accufation, fe fût hâté de la détruire, &
eût épargné un crime à la Juftice.
N'eft-il pas très probable que fi l'u-
fage s'introduifait de punir pour un
affaffinat, fans défigner la perfonne
affaffinée, il arriverait quelquefois que
des malheureux feraient exécutés pour
avoir tué des gens qui fe portent
bien, & qui ne fauraient pas, en li-
fant l'Arrêt, que c'eft pour leur mort
prétendue qu'un innocent eft condamné ?

2°. Il y a plus ; on ignore même
ici l'efpèce des délits imputés au
Comte de Lally ; on ignore fi la Loi
a prononcé la peine de mort contre
ces délits. Si cette manière de rédi-
ger les Arrêts devenait générale, dès
lors les Tribunaux, à la fois Légif-
lateurs & Juges, exerceraient le defpotifme le plus terrible. Dérobant à
la Nation, & les détails des procé-

dures, & les faits imputés aux accufés, & la nature précife des crimes pour
lefquels on les punit, ils frapperaient
leurs victimes dans les ténébres; & le
pouvoir dont ils font revêtus pour la
fûreté publique, deviendrait la terreur
des citoyens.

II. Le Comte de Lally a été traîné
au fupplice avec un baillon; quoique
les Loix criminelles de plufieurs Nations
ayent trop fouvent outragé l'humanité,
on ne pourrait citer aucun peuple où ce
rafinement de barbarie ait été autorifé
par une Loi.

Seneque rapporte que Caligula eft
le premier Tyran qui, pour empêcher
fes victimes de réclamer leur innocence,
ou de s'élever contre fon injuftice,
imagina de leur ôter les moyens de
fe plaindre.

Lipponian, Nonce du Pape en Po-
logne, ayant fait condamner des Juifs
au feu pour un crime fuppofé, & ces
malheureux conduits au fupplice, pro-
teftant de leur innocence, on les fit
taire, en leur jettant dans la bouche de
la poix enflamée.

B iij

Dans l'Autodafé folemnel que Charles II, Roi d'Efpagne, *honora* de fa préfence, douze des Innocens affaffinés par l'Inquifition furent conduits au fupplice avec des baillons.

Caligula & des Inquifiteurs, le Tyran le plus infenfé de l'ancienne Rome & les fcélérats les plus exécrables de la nouvelle, telles font donc les autorités dont pouvaient s'appuyer ceux qui ont donné en France le premier exemple d'une atrocité inconnue même au milieu des fureurs de nos guerres de Religion ! Quant aux motifs imaginés pour la juftifier, ils font trop honteux, & nous avons trop de refpect pour le corps auquel appartenaient les inventeurs de cette barbarie, pour nous permettre même de les expofer.

Nous nous bornerons donc à demander, de quelle fûreté jouiraient les citoyens dans un pays où ils pourraient être jugés par une procédure fecrette, condamnés par un Arrêt qui n'énonce point le crime dont on les fuppofe coupables, & conduits au fupplice avec un baillon ?

Nous demanderons de quel droit, après un arrêt rendu, des hommes qui n'en font que les Exécuteurs, **y** ofent ajouter un fupplice que ni la Loi, ni le Tribunal qui en eft le Miniftre n'ont infligé ? & que deviendront les droits, la fûreté des Citoyens, fi un de leurs Juges peut, dès qu'ils font condamnés, & les foumettre à une peine arbitraire, & leur ôter les moyens de fe plaindre, s'il craint ce qu'ils ont à révéler !

Voilà ce dont l'Arrêt de 1766 nous menaçait s'il eut fubfifté, & il eft des hommes qui s'irritent qu'on ait ofé invoquer contre cet Arrêt & l'opinion publique, & le jugement de l'Europe, & la Juftice du Souverain !

III. Mais quel eft ce Tribunal qui a fait exécuter avec tant de cruauté un Arrêt rendu fous une forme fi myftérieufe ? Il s'agit de faits Militaires paffés dans l'Inde, & le Procès eft jugé à Paris par des hommes qui ne peuvent connaître ni l'Inde, ni la Guerre ! A la vérité un homme qui a joué dans ce Procès un rôle fingulier, prétend que fon Oncle le

Conseiller Leyrit était Général par inftinƈt comme Céfar, Guftave Adolphe, ou le Grand Condé, & que fon pere le Confeiller a auffi prefque gagné une bataille. Mais ces talens finguliers font réfervés aux Confeillers de l'Inde, à cette famille extraordinaire, & nous perfifterons à croire (malgré ces grands exemples) que des Militaires feuls peuvent prononcer fur des faits Militaires.

IV. Après l'exécution du Comte de Lally, exécution auffi indécente que barbare, à laquelle la canaille de l'Inde avait affifté avec des applaudiffemens, Paris, long-tems acharné contre cette viƈtime infortunée de la mauvaife adminiftration de la Compagnie des Indes, ne vit plus fa mort qu'avec horreur. On ne fut plus embaraffé de prononcer entre un Général qui, mourant fur l'échafaud, après un long commandement, laiffait une fortune médiocre, & des Commis de la Compagnie étalant un luxe infolent dans la Capitale, & croyant dérober leurs noms à l'opprobre en achetant à prix d'or des charges & des alliances honorables.

La voix de Voltaire n'avait pas tardé à détromper les Provinces & à éclairer les Étrangers sur ce Jugement jusqu'alors sans exemple, & qui, pour l'honneur & la sûreté de la Nation, n'en servira sans doute jamais. Un des Commissaires du Comte de Lally avait eu malheureusement trop d'influence dans cette horrible affaire d'Abbeville, dont les détails avaient soulevé l'Europe entiere ; & cet homme, audacieux à la fois & faible dans les affaires publiques, séditieux & courtisan, fanatique sans être religieux, persécuteur par politique & sanguinaire par tempérament, était devenu l'objet du mépris & de l'exécration de toutes les Nations éclairées (a).

(a) Ce Commissaire Rapporteur fut tellement accablé sous le poids de cette indignation universelle, qu'il écrivit à M. de Voltaire une espece d'apologie. Cette Lettre est un monument intéressant de l'ascendant qu'exerce le génie sur toutes les ames, & de ce qu'osent se permettre de dire les hommes qui ont quelque pouvoir. C'est à propos de la même Lettre que M. de Voltaire rappela cette anecdote Chinoise. *Un Empereur défendit à un des Membres du Tribunal de l'Histoire de continuer d'inscrire sur ses Registres le récit de ses crimes. L'Historien se mit à écrire*

Le Comte de Lally avait obtenu toute la Juſtice qu'il pouvait attendre de l'opinion publique ; mais il y manquait une ſanction qui fixât cette opinion , & il pouvait l'attendre de la Juſtice du Souverain. Par un uſage que l'on peut regarder comme la ſauvegarde de la ſureté des Citoyens , les Arrêts des Cours Souveraines , ainſi que nous l'avons obſervé plus haut , peuvent être caſſés par le Con-

---

ſur le champ : « *que faites-vous, dit l'Empereur ?-- J'écris ce que Votre Majeſté vient de me dire* ». Il ſerait très intéreſſant pour la mémoire de M. de Voltaire , pour celle du Comte de Lally , & pour l'intérêt de la ſureté publique , que cette Lettre fût imprimée ; elle eſt entre les mains des héritiers de M. de Voltaire , qui ne manqueront ſurement pas de la publier. L'honneur qu'ils ont d'appartenir à un grand homme leur en impoſe le devoir. D'ailleurs , s'ils ne la publiaient pas, on ferait en droit de croire qu'elle contient des choſes bien terribles pour la mémoire de celui qui l'a écrite : car certainement ce n'eſt point pour épargner celle du Comte de Lally qu'ils la cacheraient ; & quant à la mémoire de M. de Voltaire , qu'importe à ſon honneur ou à ſa réputntion ce qu'a pu penſer ou écrire contre lui le Rapporteur du Comte de Lally ? *Note de M. Ber... de la Haye , Editeur.*

feil du Roi , lorfqu'il s'y trouve des défauts de forme ; on renvoie alors la caufe à un autre Tribunal qui l'examine & la Juge de nouveau : ce fecond Arrêt peut-être également caffé ; enforte qu'un Arrêt contraire à la Loi & à l'Ordonnance ne peut fubfifter , & que cependant le Confeil ne s'eft pas attribué une Jurifdiction directe qui pourrait être dangereufe. Le Comte de Lally avait laiffé un Fils : celui-ci attendit l'âge de fa majorité pour demander au Confeil la caffation de l'Arrêt qui avait condamné fon Père , & fur le rapport d'un Magiftrat qui avait eu longtems , dans le Parlement de Paris , la double réputation d'un Juge incorruptible & d'un Jurifconfulte profond, cet Arrêt fut caffé , parce que la procédure préfentait un grand nombre de nullités.

C'était donc en vertu d'un Arrêt rendu fur une procédure nulle , qu'un Officier Général avait été traîné dans un tombereau avec un baillon , & décapité au bruit des battemens de mains de fes ennemis entendus comme témoins contre lui (car c'était là une des principales nullités de la procédure, confignées dans le rapport fur lequel l'Arrêt a été caffé :) & l'on n'avait pas daigné révéler à la Nation pour quel crime on traitait avec cette indignité un homme qui avait verfé fon fang pour elle, & à qui fon Roi lui-même avait conféré le premier grade d'Officier Général fur le champ de bataille de Fontenoy.

En apprenant l'Arrêt du Confeil, Voltaire mourant reprit fes forces, & écrivit ces mots, les derniers que fa main a tracés ; *je meurs content, je vois que le Roi aime la Juftice.*

Mais il refte au Fils du Comte de Lally à faire laver la mémoire de fon Père de l'accufation de trahifon.

L'intérêt de la Nation s'unit encore au fien dans la carrière qui lui refte à parcourir. Il ne faut pas qu'on dife dans l'Europe : « Voyez comme la France traite les Etrangers qui ré-pandent leur fang pour fon fervice ! Elle fait Juger fur les bords de la Seine, par des hommes de Loi, les prétendues fautes commifes par fes Généraux fur la côte de Coroman-del ; on les punit fans dire de quel crime ils font coupables ; on les traîne au fupplice avec un Baillon pour les empêcher de fe plaindre ; & lorfqu'une Juftice tardive apprend à la Nation que ce jugement horrible n'a été rendu qu'en violant toutes les Loix, on laiffe fubfifter contre leur Mémoire l'accufation de trahifon, & leurs Fils ne peuvent trouver un Tribunal qui daigne ou qui veuille les juger ».

Mais un nouveau danger menace ici les Citoyens. Dans le grand nombre d'Arrêts caffés par le Confeil, on avait vu jufqu'ici les Juges dont l'arrêt avait éprouvé ce fort, prendre le feul parti qui fût compatible avec la Juftice & avec leur dignité, le filence le plus abfolu. L'ancien Tribunal fentait, qu'en oppofant devant le nouveau le crédit d'un corps entier à la voix d'un infortuné qui demande juftice, il paraîtrait devenir oppreffeur de ceux dont il avait été Juge inattentif ou prévenu : il fentait qu'en cherchant à influer fur le nouveau Jugement, il paraîtrait avoir ou la préfomption de fe croire infaillible ou la crainte de voir dévoiler fes

prévarications : il favait que l'impar-
tialité était encore pour lui un devoir
facré après fon Jugement, comme il
l'avait été avant fon Arrêt. Le Parlement de Paris ne s'eft pas fans doute
écarté de cette regle ; mais un de
fes membres a pu le faire foupçon-
ner. Neveu d'un des Ennemis du Comte
de Lally , il a prétendu qu'on ne
pouvait juftifier le Général de l'Inde
fans déclarer coupable le chef des
Emploiés de la Compagnie ; il a voulu
intervenir dans un Procès Criminel
contre un homme mort , malgré la
Loi qui lui défendait ; malgré la Loi
fon Intervention a été admife par le
Parlement de Normandie chargé de la
révifion du Procès , & il a fallu que
la Juftice du Confeil caffât encore ce
nouvel Arrêt comme contraire aux
règles , & renvoyât le Procès à un autre
Tribunal.

La maniere dont le neveu de M.
de Leyrit défendait la caufe de fon
Oncle & l'Arrêt du Tribunal dont il
eft membre , était auffi effrayante que
fon intervention était illégale. Dans
la fuppofition la plus favorable pour

lui , il eut pu être admis tout au plus à prouver que son Oncle était innocent , & il ne cessait de vouloir prouver que le Comte de Lally était un traitre. Il ne pouvait nier que son Oncle mourant n'eut desiré qu'on n'intervînt pas en son nom dans le Procès ; que lui — même n'eût , après la mort de cet Oncle , mais avant d'être membre du Parlement , adopté l'avis des Avocats , qui lui fermaient l'entrée de ce Procès , & qui réduisaient tous ses droits à une action particuliere contre M. de Lally vivant , qui s'était plaint de l'Oncle Leyrit dans ses Mémoires ; il avait fait imprimer cette consultation ; il la reproduisait ; il avouait qu'il n'avait pas même intenté l'action particuliere. Il ne pouvait ignorer que la seule chose dont il fut question était un Procès à faire à la mémoire du Comte de Lally , sur le délit de haute trahison. Il convenait qu'il n'eut pu avoir contre M. de Lally vivant qu'une action d'injure ; il savait que cette action est détruite par la mort de celui contre qui elle est dirigée , & il ne répondait à cette objection , qu'en soutenant que le Comte de Lally *n'était pas mort*. Il invoquait la Religion , comme s'il eût plaidé devant l'Académie des Palinods, & non devant le Parlement de Normandie. Il avançait que le fils du Comte de Lally , & tous ceux qui s'intéressaient à cette cause , étaient des ennemis de Jesus – Christ , dont le Parlement de Paris était le zélé défenseur. Il discourait sur l'immortalité de l'Ame , & il félicitait le Comte de Lally d'y croire, & puis l'accusait de ne pas y croire. Il évoquait l'ombre du feu Général ; il lui faisait tenir un long discours dans lequel , cet infortuné , après s'être bien déchiré lui-même , finissait par dire à son fils : *Pleure sans m'imiter ni me défendre*. Et lorsque ce fils réclamait contre cette barbarie , dont l'Avocat le plus mercenaire eût rougi de se souiller , le Neveu de M. de Leyrit l'accusait presque d'incrédulité pour *n'avoir pas vu que cette évocation était le dernier effort d'un homme que la confiance dans la raison , dans la vertu , en lui , élevaient au-dessus de lui-même ;*

lui-même ; pour n'avoir pas *fu fe per-dre dans le fein de la Juftice incréée,* d'où il devait efpérer que fon pere le contemplait. Et il ajoutait, qu'il *avait d'abord formé le projet* de faire parler cette ombre d'un bout à l'autre de fon plaidoyer ; de *mettre dans la bou-che du feu Comte de Lally* tout ce qu'il devait dire contre lui ; en un mot, d'y placer *une expofition calme, froide, comme indifférente à tous deux, telle qu'il la concevait de la part d'un pur efprit* (*b*). Et il prenait pour des applaudiffemens le bruit qu'une élo-quence fi nouvelle excitait dans l'af-femblée ; & néanmoins il follicitait un

───────────

(*b*) Il paraît affez difficile de comprendre comment le feu Comte de Lally peut *n'être pas mort,* & cependant fe trouver *dans le fein de la Juftice incréée ;* comment le neveu de M. de Leyrit peut avoir appris ce que penfent au jufte fon père, fon oncle, & M. de Lally *au fein de cette Juftice incréée* où ils font tous trois; & comment il a pu s'inftruire de la manière dont les *purs efprits* s'y prennent pour faire des *expofitions.* Il faut qu'il ait hérité de l'E-criture du bon homme *Bourfier* qui, fuivant le Dictionnaire Janfénifte, *trempait fa plume dans le fein de Dieu.* (*Note de M. Ber..... de la Haye.*

C

Arrêt, pour qu'il fût défendu de *huer* pendant qu'il plaiderait & il l'obtenait.... sans doute de la pitié de ses Juges. Cependant il insultait à la mémoire de Voltaire; il lui refusait le titre *d'homme de bien*. La famille du dernier des citoyens à qui il eût fait cette injure, eût demandé justice : & le Neveu de Voltaire, Conseiller au Parlement de Paris, gardait le silence; & il se contentait de l'excuse du Neveu du Conseiller Leyrit , qui prétendait qu'*homme de bien* signifie *dévot* , en stile de convulsionnaire, & que c'est là le bon stile (c). Il se disait le défenseur de la Magistrature, comme si les Maîtres des requêtes

---

(c) On prétend que M. de Voltaire n'était pas dévot. Je l'ignore. Mais l'ami le plus zélé de l'humanité pouvait-il être l'ennemi de Dieu? Il est possible que je n'aie pas lu tous ses Ouvrages : mais tous ceux que j'ai lus, respirent le respect pour l'Etre Suprême, la confiance en sa bonté , la reconnaissance pour ses bienfaits, la résignation à ses volontés. La lecture de ses œuvres m'a servi à convertir cinq ou six jeunes Militaires de mes voisins, qui avaient eu le malheur de tomber dans l'athéisme, en disputant avec les Aumôniers de leur garnison. (*Note de l'auteur.*)

qui, en 1778, ont caffé l'Atrêt de 1766, n'étaient pas auffi dignes du nom de Magiftrat que les Confeillers qui l'avaient rendu. Enfin, il répétait fi fouvent que fa caufe était celle de Dieu & des Parlements ; il parlait fi long-tems de la juftice de l'Arrêt de 1766, & fi peu de fon cher Oncle ; ce Neveu fi ardent était un fils fi glacé ; il s'était fait avec fi peu de fcrupule l'ami, il s'annonçait avec tant de complaifance l'allié de ceux qui avaient publiquement dévoué fon propre Père à l'ignominie ; il évoquait encore fi finguliérement l'ombre de ce père ; il établiffait entre elle & lui un dialogue fi étrange ; c'était quelque chofe de fi nouveau que d'entendre un père dire à fon fils : *Laiffe moi dans l'infâmie, ne fonge qu'à ton Oncle* ; d'entendre le fils répondre avec tranfport : *Mon père je vous obéis* ; qu'il était impoffible, en voyant cette léthargie filiale, de ne pas fuppofer quelques motifs fecrets à cette activité népotique. Sans doute il n'eft entré dans la tête de perfonne que le Parlement de Paris pourfuivait la mémoire du Comte de Lally, qu'il voulait fe rendre Partie après avoir été

Juge, & ce qui prouvait encore plus que cela n'était pas, c'était le foin avec lequel le Neveu de M. de Leyrit cherchait à faire accroire que cela était. Les Juges du Comte de Lally ne forment pas feuls le Parlement de Paris : plufieurs d'entr'eux, prefque tous même, ont ceffé de vivre. L'honneur du Parlement n'eft pas fans doute intimement lié avec l'infaillibilité de cinq ou fix de fes membres. Pourquoi un Jugement injufte ne déshonore - t - il point un Tribunal dans l'opinion publique ? C'eft que ce Jugement eft toujours regardé comme l'ouvrage de quelques hommes iniques, paffionnés, ou ignorans, qui ont égaré la multitude. Il n'eft donc pas de l'intérêt d'un Corps de fe rendre refponfable des fautes de fes membres, & de perdre par là l'avantage . . . . . . qu'ont les Corps de ne pouvoir être déshonorés dans l'opinion.

Mais la fûreté des citoyens ferait encore trop compromife, fi les Juges dont l'Arrêt injufte a été caffé, pouvaient, par le moyen d'un de leurs Confrères à qui ils trouveraient une liaifon éloignée ou imaginaire avec la cauſe ; avoir, auprès du Tribunal qui doit la revoir, un Défenſeur zélé ; s'ils pouvaient ainſi oppoſer à la Juſtice qu'on réclame contr'eux, non le crédit de leur Corps entier, mais celui d'une partie de ce Corps plus ou moins puiſſante, & qui ſouvent le ferait aſſez pour paraître, à des yeux faciles à éblouïr, repréſenter le Corps entier ; s'ils pouvaient enfin, par cet artifice, éloigner, ſuſpendre, empê-cher peut-être le Jugement qui doit éclairer ſur leurs erreurs ou ſur leurs prévarications.

L'intérêt des Citoyens eſt donc maintenant que le Fils du Comte de Lally obtienne une prompte Juſtice ; il leur importe de ſavoir que ni le crédit de quelques Magiſtrats, ni la vaine idée de ſoutenir l'infaillibilité d'un Parlement, ni la maxime plus coupable qu'il faut, pour l'intérêt de cet ordre de la Magiſtrature, ſoutenir ſes Jugemens quoiqu'injuſtes, ne peuvent balancer le reſpect pour les Loix & l'amour pour la Juſtice. Il eſt de l'intérêt public, de l'honneur de la Nation, de celui même des Tribunaux fuprêmes de Juſtice, qu'un Jugement prompt & impartial * du Parlement de Bourgogne apprenne à l'Europe, qui a les yeux ouverts ſur cette cauſe, que les Parlemens veulent être non les maîtres du Peuple & la terreur des Citoyens, mais leurs défenſeurs & leurs Juges. Eh ! qui déſormais oſerait demander Juſtice aux pieds du Trône contre un Arrêt in-juſte, ſi l'audace avec laquelle le neveu de M. de Leyrit a bravé les Loix & in-ſulté les Magiſtrats du Conſeil, était couronnée par le ſuccès ? Si le courage, la logique & l'éloquence de M. le Comte de Lally étaient inutiles, qui oſerait ſe flatter d'être plus heureux que lui ?

N'imaginons point que le Parle-ment de Bourgogne veuille agir à la fois & contre l'intérét public & contre le ſien propre. En refuſant Juſtice à M. le Comte de Lally, en montrant des ſoupçons de partialité,

---

* *Prompt*, il n'a duré que deux ans, & l'on n'a fait aucune procédure. *Impartial*, il s'eſt borné à fermer la bouche au Fils qui voulait défendre ſon Père, & à faire brûler ſes écrits par le bouteau. (*Note du nouvel Editeur*).

changerait-il l'opinion fur l'Arrêt de 1766 ? Non ; il la fortifierait. Il prouverait, à la vérité, que les Citoyens opprimés une fois par un Parlement, ne peuvent plus efpérer de Juftice : mais eft-il utile aux Parlemens de faire montre aux yeux de la Nation de ce pouvoir odieux ? Leur confidération, leur puiffance ne dépendent point d'une force réelle, elles n'ont qu'une feule bafe, la confiance du peuple, l'opinion qu'a la Nation de leur zèle pour la Juftice. Leur intérêt n'eft pas de faire croire qu'ils font puiffans, mais de prouver qu'ils font juftes ; d'annoncer qu'ils forment une confédération redoutable, mais de montrer qu'ils préfèrent à ces vaines idées de pouvoir, à ces petites vues d'efprit de corps, les droits plus facrés de l'équité & des Loix. D'ailleurs les Magiftrats du Parlement de Bourgogne n'ont-ils pas des enfans ? Sacrifieront-ils leur fureté à un orgueil fi mal entendu ? Eux-mêmes font-ils fûrs de n'avoir pas des Ennemis puiffans ? Ne favent-ils point que l'équité la plus pure n'a pas toujours garanti des

Magistrats d'attentats revêtus de formes judiciaires ? Croyent-ils que si les Juges du Maréchal de Marillac, par exemple, avaient été obligés, dans une Sentence publique, d'énoncer ses crimes prétendus, ils eussent osé rendre cette Sentence ? Hélas ! L'innocence est si souvent trop faible contre l'audace, la perfidie ou la bassesse ! Pourquoi lui ôter jusqu'à sa dernière défense? Du moins qu'elle n'ait à craindre que ces monstres heureusement très-rares, qui bravent l'opinion comme leur conscience.

Nous avons dit que le Parlement de Paris avait été incompétent pour Juger des faits Militaires arrivés dans l'Inde, & nous n'en avons pas moins de confiance dans le Parlement qui doit Juger une seconde fois le Comte de Lally. Il n'y a point en cela de contradiction. Nous avons vu les Lettres d'attribution qui ont commis le Parlement de Paris pour Juge de ce Procès ; les chefs qu'elles présentent à Juger étaient de sa compétence. Nous avons su ensuite d'une manière bien certaine, que la plupart des chefs fur lefquels on a fait porter ce Procès, n'étaient ni de la compétence du Parlement, ni de l'objet des Lettres d'attribution. Nous ofons efpérer que des Juges éclairés, & qui ne feront plus éblouis par une cabale auffi artificieufe qu'acharnée, fauront ne Juger que ce qu'ils peuvent entendre.

Faut-il être réduit à protefter que ce n'eft point un efprit de parti contre les Parlemens qui nous engage à réveiller les Citoyens fur un grand intérêt qu'ils femblent avoir trop oublié ? Nous applaudiffons aux Parlemens, quand ils défendent les droits de la Nation contre l'abus de l'autorité des Miniftres, & nous devons également applaudir au Confeil du Roi, quand il défend les droits des Citoyens contre les abus du Defpotifme Judiciaire (d).

____

(d) L'auteur croit néceffaire d'avertir ici qu'il a gagné le procès qu'il fuivait à Rouen en même tems que M. le Comte de Lally : ainfi il ne parle point *ab irato*. Il connait à Paris comme à Rouen, comme à Dijon, des Magiftrats incorruptibles, inacceffibles à l'efprit de parti comme à la crainte, Sujets foumis,

On a dit & même imprimé , que
fi quelques hommes de Lettres Citoyens paraiffaient prendre intérêt à
cette affaire , c'eft que M. de Voltaire avait été le défenfeur du Comte
Lally. Mais quelle fut la caufe du
zèle qu'a marqué M. de Voltaire ,
finon l'impreffion profonde que faifait
fur fon âme le fpectacle d'une injuftice , ou d'un outrage fait à l'humanité ? (e)

Appellera-t-on efprit de parti ce
fentiment qui réunit quelques hommes dans la défenfe des droits des
hommes , dans une haine commune

Citoyens courageux , & conftamment voués à
la défenfe des droits de l'humanité , foit qu'ils
exercent dans le filence un miniftère obfcur &
refpectable, foit qu'ils s'occupent, avec autant
d'utilité & plus de gloire, d'éclairer la juftice du
Souverain , de réformer les abus & de corriger
les loix ; & il fait bien fincérement des vœux
pour que tous leurs confrères leur reffemblent.

(e) Le courage avec lequel M. de Voltaire
s'élevait contre tous les crimes commis au nom
de Dieu ou des Loix a réparé ou prévenu plus
d'une injuftice. C'eft là peut-être ce qui rend
fa perte plus irréparable.

Déja de tous côtés les Brigands reparaiffent,
Hercule eft dans la tombe, & les monftres renaiffent.
(*Note de M. Berr.... Editeur.*)

de l'oppreſſion & de la barbarie ? Ne ſe laſſera-t-on point de répéter ſans ceſſe, comme un argument victorieux en faveur de ſa cauſe : *j'ai contre moi tous les hommes que l'Europe eſtime ?*

Eſpérons tout d'un Tribunal qui a produit les *Bouhier*, les *de Broſſe*, les *Morveau.** Félicitons ſur-tout M. le Comte de Lally d'avoir rendu ſa gloire indépendante du ſuccès. Quelque ſort qui l'attende, il a des droits à l'eſtime, au reſpect de tous ceux qui ont une âme, & à qui le ſentiment de l'honneur n'eſt point étranger. Notre poſtérité cherchera long-tems dans ſes Plaidoyers les ſeuls modeles peut-être de la véritable éloquence du Barreau, dont notre langue ait pu ſe glorifier juſqu'ici ; & juſqu'à la fin des Siècles, on le propoſera pour exemple, aux enfans des pères infortunés.

---

* *Quantùm mutatus ab illo !* Il y a cependant encore des *La Goutte*, des *Rochefort*, des *Gauthier* : mais.... mais.... mais....

P. S. Deux de mes voisins à qui j'ai lu ce petit ouvrage, m'ont fait chacun une objection, & leurs objections étaient contradictoires.

L'un, naturellement indolent, me disait : *A quoi sert tout cela ?* vous avez beau faire, vous ne ressusciterez pas le Comte de Lally ! Non, lui dis-je ; mais n'est-ce rien que d'empêcher qu'on ne répete la même injustice ? N'est-ce rien que de porter la consolation dans l'âme de son respectable fils ? Croyez-moi, jamais ce qui est juste n'est ni petit ni inutile.

L'autre, d'un caractere plus ferme, trouvoit mauvais qu'on voulût rétablir la mémoire d'un homme condamné. Par ce moyen là, dit-il, chaque famille aura le crédit, dans un tems ou dans un autre, de faire réhabiliter la mémoire d'un coupable. Mon ami, lui dis-je, croyez-vous que l'espérance d'être réhabilité après sa mort soit un grand encouragement au crime ? Cette réhabilitation d'ailleurs n'eſt-elle pas nulle, quand l'opinion générale ne la confirme pas ? Souvenez-vous de la maxime, qu'il vaut mieux épargner vingt coupables que de punir un innocent. Elle s'applique également ici. La mémoire d'un ſcélérat réhabilitée, eſt une farce dont le ridicule eſt tout entier pour ceux qui la jouent : mais la mémoire d'un innocent, laiſſée dans l'opprobre, eſt une tache pour la Nation au nom de laquelle on a ordonné ſon ſupplice.

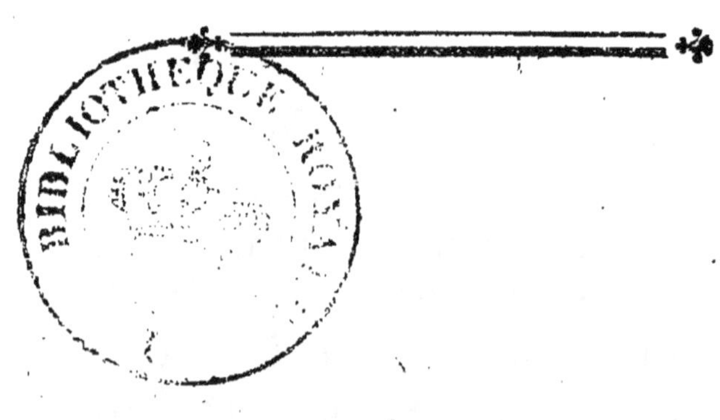

www.ingramcontent.com/pod-product-compliance
Lightning Source LLC
Chambersburg PA
CBHW061331060726

47596CB00003B/1189